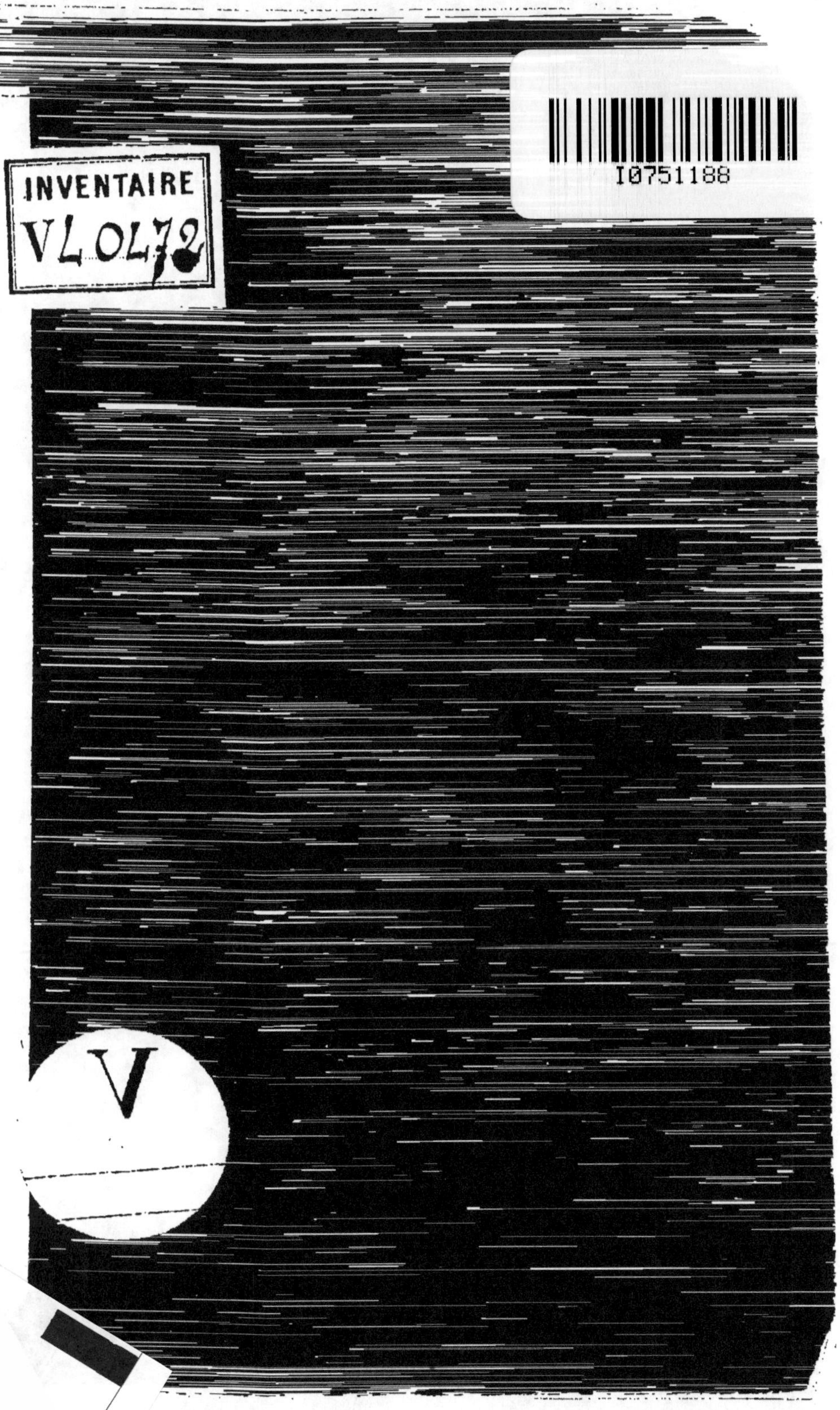

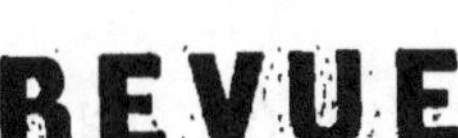

REVUE

DE

L'EXPOSITION UNIVERSELLE

PAR ÉDOUARD GORGES

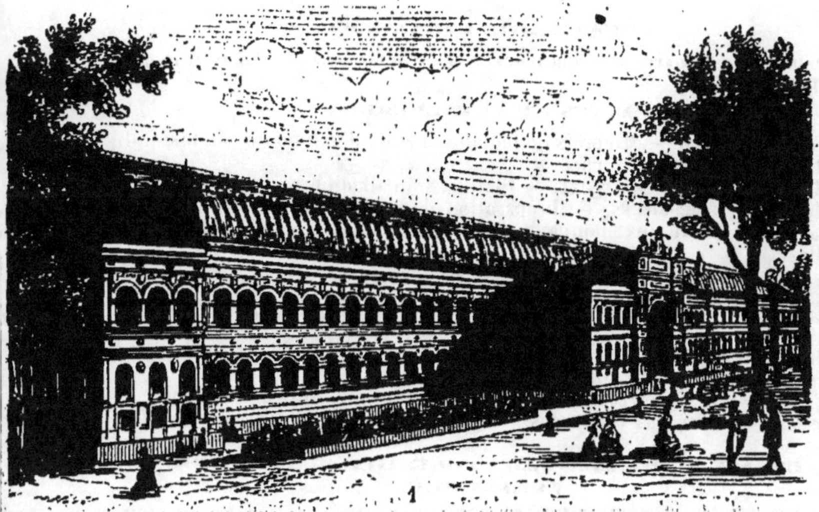

1

Prix : 50 centimes

PARIS
FERDINAND SARTORIUS, ÉDITEUR
9, RUE MAZARINE, 9

1855

REVUE DE L'EXPOSITION UNIVERSELLE

Sommaire des trois livraisons qui paraîtront chaque mois.

SOMMAIRE DE LA PREMIÈRE LIVRAISON

Qu'est-ce que l'industrie? — Histoire des Expositions depuis l'an VI jusqu'en 1855. — Décrets. — Le Palais de l'Industrie. — Annexes. — Inauguration. — Noms et biographies. — Pièces officielles. — Avis. — Renseignements.

BEAUX-ARTS FRANÇAIS.

Peinture. — Gravure. — Lithographie. — Photographie. — Sculpture. — Gravure et médailles. — Architecture.

BEAUX-ARTS ÉTRANGERS.

Peinture. — Gravure. — Photographie. — Sculpture. — Beaux-arts comparés.

MINES ET MÉTALLURGIE.

Fontes et fers. — Minerais de plomb, de zinc, d'antimoine, de bismuth, d'étain, de mercure, de nickel.

Métaux précieux. — Argent. — Platine. — Palladium.

Monnaies et médailles. — Préparation des métaux et des alliages monétaires. — Essai des monnaies. — Collection de monnaies et de médailles.

PRODUITS MINÉRAUX NON MÉTALLIQUES.

Extraction et traitement des minerais de manganèse, d'arsenic et de soufre, — d'alun, — sel marin, — pierres lithographiques.

Marbres. — Albâtres. — Spath fluor. — Malachite. — Lapis-lazuli. — Pyrites. — Jais et ambre jaune, etc.

Extraction des pierres précieuses. — Diamant. — Rubis. — Saphir. Topaze. — Emeraudes orientales. — Grenats. — Turquoises, etc.

CHASSE. — PÊCHE. — ART FORESTIER. — INDUSTRIE FORESTIÈRE.

Statistique : documents généraux. — Matières colorantes, odorantes, tannantes, employées dans la pharmacie. — Extraction des cendres, potasses, gommes, résines. — Goudrons. — Sucres, etc.

Chasse des animaux terrestres et des amphibies. — Chasse des gibiers. — Armes, pièces, engins. — Fourrures. — Cuirs. — Cornes. — Ivoire. — Ecailles.

Pêche de cétacés, — des poissons de mer. — Equipements et engins divers de la grande et de la petite pêche. — Pisciculture.

Récoltes des produits obtenus sans culture. — Caoutchouc. — Gutta-percha. — Camphre. — Benjoin. — Cire. — Soudes. — Parfums, etc.

AGRICULTURE.

Statistique et documents généraux. — Engrais. — Dessèchements. — Drainage. — Irrigations.

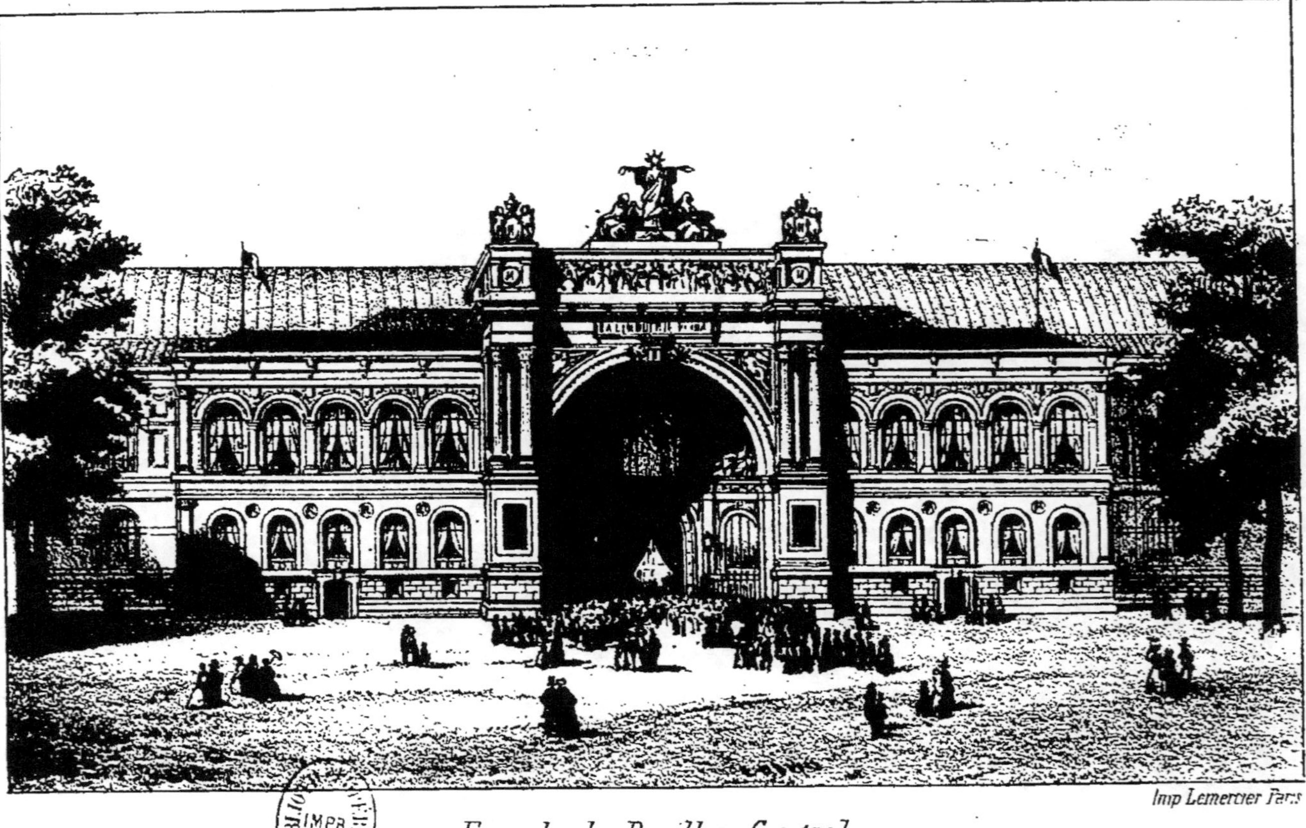

Imp Lemercier Paris

Façade du Pavillon Central

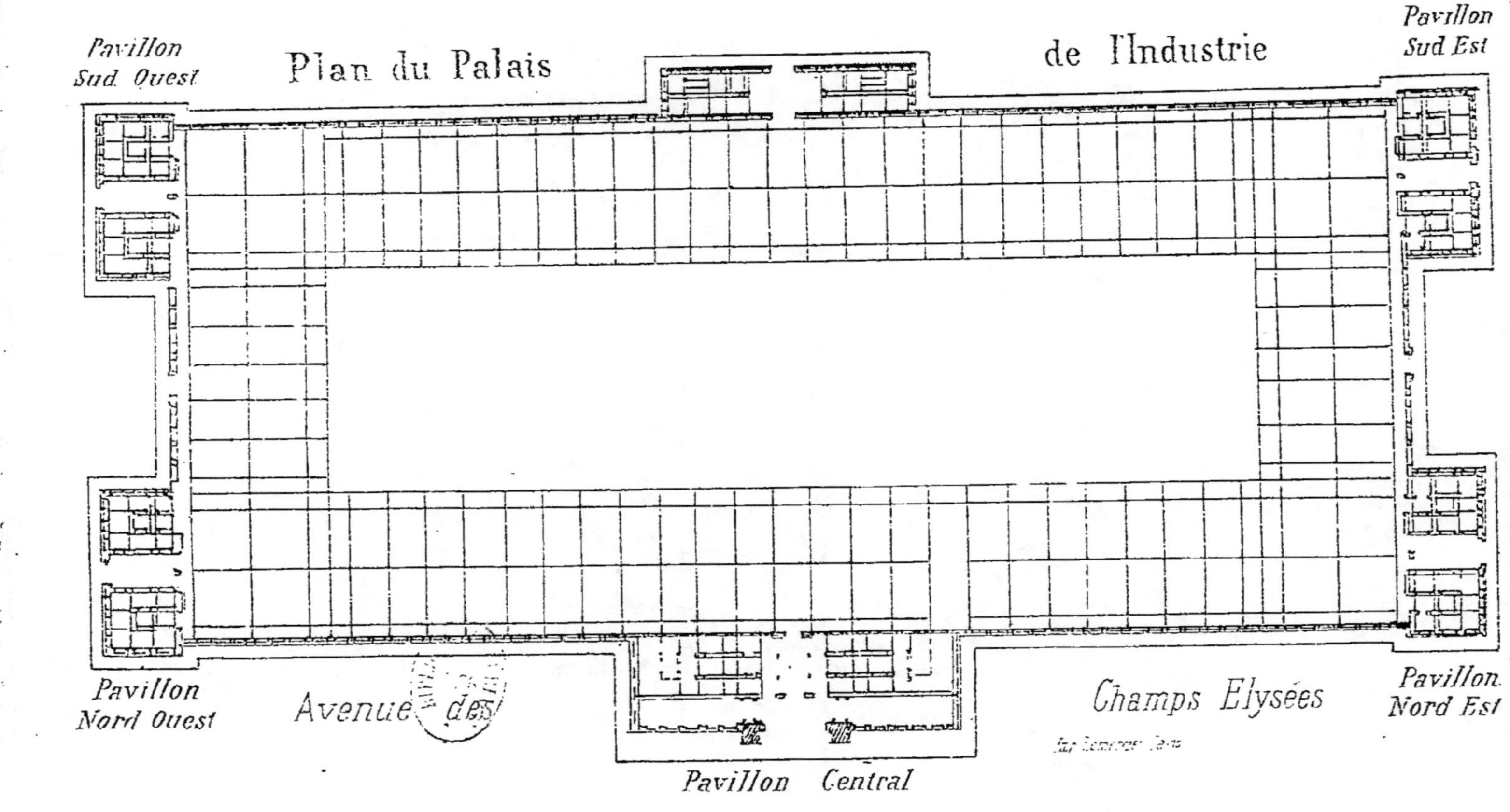
Plan du Palais de l'Industrie
Pavillon Sud Ouest
Pavillon Sud Est
Pavillon Nord Ouest
Avenue des Champs Elysées
Pavillon Central
Pavillon Nord Est

LES MERVEILLES DE LA CIVILISATION

REVUE
DE
L'EXPOSITION
UNIVERSELLE

PAR

M. ÉDOUARD GORGES.

I. – Palais de l'Industrie.

PARIS
FERDINAND SARTORIUS, ÉDITEUR,
9, RUE MAZARINE, 9

1855

AVIS

L'Exposition universelle fait comprendre à tout le monde la nécessité indispensable d'une revue encyclopédique : mais tous les ouvrages annoncés ou publiés sont très-volumineux et coûtent fort cher. Improvisés au jour le jour, resserrés dans un cadre étroit, les journaux ne peuvent qu'effleurer les questions scientifiques et industrielles. Comment d'ailleurs choisir et conserver les parties qui nous intéressent? ces considérations nous ont déterminé à publier une Revue de l'Exposition par séries de 50 centimes.

Chaque livraison contiendra l'examen sérieux et approfondi d'une des classes du catalogue officiel, — les documents généraux, — les progrès accomplis, — les découvertes utiles qui nous paraîtront les plus dignes de récompenses.

L'ouvrage entier formera vingt livraisons. Ainsi nous aurons résolu un problème qui paraît impossible : donner pour 10 francs une Encyclopédie des Arts, des Sciences et de l'Industrie universelle au dix-neuvième siècle !

Ferdinand SARTORIUS.

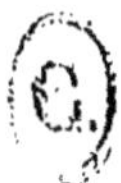

PARIS. — TYP. SIMON RAÇON ET COMP., RUE D'ERFURTH, 1.

REVUE

DE

L'EXPOSITION UNIVERSELLE

SOMMAIRE.

Qu'est-ce que l'industrie? — Histoire des expositions depuis l'an VI jusqu'en 1855. — Décrets. — Le Palais de l'Industrie. — Annexes. — Inauguration — Noms et biographies. — Pièces officielles. — Avis. — Renseignements divers.

I

QU'EST-CE QUE L'INDUSTRIE?

L'industrie, qui, jusqu'ici, paraissait être le privilége exclusif des Anglais et des Américains, a, depuis vingt-cinq ans à peine, pénétré dans nos mœurs, dans nos habitudes ; elle grandit de jour en jour et tend à absorber toutes les forces vives et intelligentes de la nation française, de la grande famille européenne.

Chaque siècle a ses besoins, ses aspirations, ses tendances.

Au moyen âge, les tournois de chevalerie et les disputes scolastiques;

Aux seizième et dix-septième siècles, la littérature et les beaux-arts;

Au dix-huitième siècle, la philosophie;

Au dix-neuvième, le triomphe de l'industrie;

La science crée, découvre, invente;

L'art donne la forme et la couleur;

L'industrie enfante ses produits, donne un corps, la réalité, la vie, aux théories de la science, aux caprices de l'imagination;

La littérature, c'est à la fois le lien qui unit, la lumière qui éclaire, la voix qui répond, le juge qui blâme ou conseille, et la gloire qui soutient, encourage et console.

Malgré la variété infinie de leurs applications, malgré les fautes et les erreurs commises, ces différentes manifestations du génie humain obéissent toutes à une loi invariable, la loi du progrès, et tendent nécessairement à l'émancipation et au bien-être des masses.

La science, la littérature, les beaux-arts et l'industrie se mêlent, se confondent et centuplent leurs forces, leurs actions, leur puissance, en les faisant toutes, sans le vouloir, sans le savoir même, converger vers un but commun : — le bien-être général.

Toutes les découvertes importantes réalisées par la mécanique, la chimie ou la fabrication proprement dite, ont eu pour effet immédiat de multiplier de plus en plus les productions de toute sorte, les subsistances, les vêtements, l'ameublement de nos demeures, les matériaux eux-mêmes de la construction.

L'industrie les répand et les met à la portée de tout le monde.

Procédant de la science, elle dompte, elle assouplit a matière aux besoins et aux volontés de l'intelligence.

Quoique de date toute récente, elle a déjà rendu à la France de très-grands services. Qu'on nous permette d'en citer quelques-uns.

En guerre avec toute l'Europe, la France se vit forcée de demander à l'industrie nationale des produits qu'elle ne pouvait plus acheter à l'étranger. La poudre manquait, et les procédés de fabrication étaient d'une lenteur désespérante. La science trouve un procédé aussi prompt, aussi rapide que la poudre elle-même. L'industrie le met en œuvre.

De tout temps, la France tirait de l'étranger la soude, cet agent universel de notre fabrication qui se lie de la manière la plus indispensable aux premiers besoins de la vie : la guerre rendait impossible toute transaction de peuple à peuple, et le manque de soude était la ruine de notre commerce. Le Blanc tira du sel marin cette substance précieuse et nous affranchit d'un impôt considérable.

La France ne produit pas de soufre, et la Sicile nous refusait la vente de ce produit. Sans soufre, pas de poudre, sans soufre, pas d'acide sulfurique, et, sans acide sulfurique, pas d'industrie possible. Dartigues retire le soufre de la pyrite, et l'industrie, multipliant les découvertes de la science, vient en aide aux efforts généreux de nos armes.

Au moyen de machines, qui sont à nos yeux la plus belle, la plus éclatante manifestation du génie, la mécanique est venue centupler les forces humaines, simplifier, abréger le travail, le rendre moins pénible et plus productif pour le maître et pour l'ouvrier.

Un seul homme suffit à diriger une machine qui à elle seule produit, sans fatigue, le travail de cent hommes.

Aujourd'hui, l'industrie est devenue une puissance non-seulement dans l'État, mais dans le monde.

Elle creuse, elle fouille les entrailles de la terre, et en retire :

Le charbon, qui lui sert de combustible ou de forces motrices appliquées à des usages qu'elle varie à l'infini ;

Les métaux précieux;

Le fer, qui supprime les distances par la rapidité du parcours.

L'industrie façonne, change et recompose le sol, dessèche les marais fétides et répand la fertilité et l'abondance sur les lieux les plus pauvres, les plus arides.

Avant la fin du siècle, l'industrie aura, c'est notre conviction profonde, réalisé le rêve de la papauté impuissante : la domination universelle.

La vapeur, les communications électriques et la liberté des échanges produiront, nous n'en doutons pas, la paix universelle et la fraternité des peuples.

En un mot, l'industrie est à nos yeux la plus haute, la plus complète expression de la civilisation moderne.

II

EXPOSITION.

Vers la fin de l'an VI, le gouvernement du Directoire, voulant embellir les fêtes nationales et glorifier le travail, si profondément dédaigné avant la Révolution, eut, le premier, la pensée d'exposer au Champ de Mars les produits de l'industrie nationale. La difficulté des communications et la cherté des transports s'opposèrent en grande partie à la réalisation du programme ; néanmoins l'idée était ingénieuse, elle piqua la curiosité, et les départements voisins de la Seine envoyèrent leurs produits.

Cette première exposition dura trois jours et compta cent dix exposants.

En 1801, quelques jours après la paix de Lunéville, le premier consul accorda à l'exposition les honneurs du Louvre, doubla la durée de la solennité, et voulut distribuer les récompenses de sa main.

Le nombre des exposants, cette fois, s'éleva à deux cent vingt. En 1802, troisième exposition, qui, cette fois, atteignit le chiffre de cinq cent quarante exposants.

En 1806, l'empereur Napoléon comprit que, dans la lutte désespérée qu'elle avait à soutenir, la France ne devait plus compter que sur ses propres ressources, et trouver sur son sol, dans les ressources de son industrie, tous les produits que la marine lui apportait à grands frais de toutes les parties du monde.

Napoléon voulut donner à l'exposition une importance, une solennité inconnues jusque-là : on construisit sur l'esplanade des Invalides une vaste baraque qui, pendant vingt et un jours, resta ouverte à l'admiration de la foule ébahie.

Onze cent vingt-deux exposants envoyèrent leurs produits : et quels produits ! si l'on en juge par ce qu'étaient les arts, la science et la littérature à cette époque.

La mécanique et la chimie n'existaient pas encore, et la vapeur était dédaignée, chassée de France, malgré les expériences et les découvertes de Watt, de Fulton et les expériences du marquis de Jouffroy.

On sait quel profond mépris le grand homme avait pour les idéologues.

Néanmoins, cette exposition de 1806 parut au chef de l'État si complète, si satisfaisante, que M. de Champagny, ministre de l'intérieur, dressa, par son ordre, une sorte de statistique des forces industrielles de la France.

La Restauration eut aussi ses expositions : en 1819, 23 et 27; de onze cent vingt-deux, le chiffre des exposants s'éleva à seize cents et dix-sept cents. Le progrès était lent, mais sensible.

De 1830 à 1848, on compte également trois expositions industrielles. La première, en 1834, eut lieu dans quatre pavillons élevés aux angles de la place de la Concorde; celles de 1839 et 1844 dans un édifice temporaire élevé dans les Champs-Élysées, à l'endroit où s'élève aujourd'hui le Palais de l'Industrie. De deux mille quatre cent quarante-sept en 1834, le nombre des exposants atteignit, en 1844, le chiffre de trois mille neuf cent soixante.

Nous sommes loin déjà, comme on voit, des deux cent vingt exposants auxquels le premier consul daignait accorder les honneurs du Louvre.

Pourvu qu'on lui laisse la paix et la tranquillité nécessaires à la production, l'industrie est, de sa nature, assez indifférente aux mouvements politiques; aussi l'exposition de 1849, ouverte en pleine révolution, quand on voyait encore dans les rues dépavées les traces des barricades, compta le chiffre énorme de quatre mille cinq cents exposants.

Vers 1830, un fonctionnaire des douanes, M. Boucher de Perthes, eut le premier l'idée de convoquer à un grand jubilé tous les produits de l'industrie universelle.

Mais la première Restauration ne soupçonna jamais un seul instant quel rôle important l'industrie était appelée à jouer dans les destinées du monde.

La seconde Restauration pas davantage. Cependant, bonnes gens au fond, les ministres du dernier règne laissaient assez volontiers tout faire autour d'eux, à la condition de ne rien leur demander, et pourvu qu'on eût l'air de prêter une oreille attentive à leurs interminables discours.

Repoussée par les gouvernements français, la pensée de M. Boucher de Perthes fut favorablement accueillie à Londres.

Le prince Albert s'entoura des hommes les plus considérables dans l'État, et la première exposition universelle fut inaugurée à Hyde-Park, en 1851, avec un éclat inconnu jusque-là.

Les produits affluèrent des points les plus éloignés du globe. L'Europe, l'Asie, l'Afrique et l'Amérique envoyèrent des échantillons de leurs industries et des jurés pour prononcer sur les récompenses à décerner.

Le succès prodigieux obtenu par l'exposition du Palais de Cristal excita l'émulation de tous les gouvernements. Dublin, New-York et Munich voulurent avoir et eurent aussi leur exposition universelle.

Fidèle à ses antécédents, le gouvernement de la France resta seul en arrière de ce grand mouvement industriel.

Ce qu'on enviait à l'Angleterre, ce qu'on trouvait de bon et d'utile à imiter, c'était le palais de verre.

Le décret du 27 mars 1852 donna une satisfaction complète aux légitimes susceptibilités de l'amour-propre national.

Ce décret est ainsi conçu :

RÉPUBLIQUE FRANÇAISE.

« Au nom du peuple français,

« Louis-Napoléon,

« Président de la République française,

« Considérant qu'il n'existe à Paris aucun édifice propre aux expositions publiques qui puisse répondre à ce qu'exigeraient le sentiment national, les magnificences de l'art et les développements de l'industrie;

« Considérant que le caractère temporaire des constructions qui, jusqu'à présent, ont été affectées aux expositions est peu digne de la grandeur de la France;

« Sur le rapport du ministre de l'intérieur,

« Décrète :

« Article 1er. Un édifice destiné à recevoir les expositions nationales, et pouvant servir aux cérémonies publiques et aux fêtes civiles et militaires, sera construit d'après le système du Palais de Cristal de Londres, et établi dans le grand carré des Champs-Élysées.

« Art. 2. Le ministre de l'intérieur est chargé de faire étudier le projet énoncé dans l'art. 1er, et de nous proposer, d'accord avec la ville de Paris, les moyens les plus propres à arriver à une prompte et économique exécution.

« Fait au palais des Tuileries, le 27 mars 1852.

« LOUIS-NAPOLÉON.

« Par le prince-président :

« *Le ministre de l'intérieur,*

« F. DE PERSIGNY. »

Quant à la pensée d'une exposition universelle, il n'en est pas, comme on le voit, question le moins du monde; il s'agit simplement d'un monument à édifier, rien de plus.

Le gouvernement du roi Louis-Philippe avait bien eu quelques velléités de construire une salle pour les expositions, mais on dut renoncer à ce projet; l'opposition ne l'eût certes pas permis. Grever le budget! gaspiller les deniers des contribuables! etc., etc.

La tâche était au-dessus de l'inertie et de l'ineptie des hommes de 1849.

Au mois d'août 1852, il ne s'agit encore que du marché à passer avec le banquier concessionnaire de l'entreprise. Le décret du 30 août en détermine les clauses et conditions.

RÉPUBLIQUE FRANÇAISE.

« Au nom du peuple Français,

« Louis-Napoléon,

« Président de la République française,

« Sur le rapport du ministre de l'intérieur;

« Vu le décret du 27 mars 1852, relatif à la construction, dans le grand carré des Champs-Élysées, d'un édifice destiné à recevoir les expositions nationales, et pouvant servir aux cérémonies publiques et aux fêtes civiles et militaires;

« Vu la délibération de la commission municipale de la ville de Paris, en date du 23 juillet 1852, laquelle autorise M. le préfet de la Seine à louer à l'État le grand carré des fêtes aux Champs-Élysées;

« Vu la convention passée entre le ministre de l'intérieur, de l'agriculture et du commerce et MM. Ardoin et compagnie;

« Le conseil d'État entendu;

« Décrète :

« Article 1er. Est approuvée la location à l'État, par la ville de Paris, du grand carré des fêtes aux Champs-Élysées, conformément aux stipulations contenues dans la délibération de la commission municipale de cette ville, en date du 23 juillet 1852.

« Art. 2. Est également approuvée la convention passée entre le ministre de l'intérieur, de l'agriculture et du commerce et MM. Ardoin et compagnie, pour la concession de l'édifice destiné à recevoir les expositions nationales, et pouvant servir aux cérémonies publiques et aux fêtes civiles et militaires.

« En conséquence, MM. Ardoin et compagnie sont et demeurent concessionnaires dudit édifice, aux clauses et conditions du cahier des charges annexé à ladite convention.

« Art. 3. Le ministre secrétaire d'État au département de l'intérieur, de l'agriculture et du commerce et le ministre des finances sont chargés, chacun en ce qui le concerne, de l'exécution du présent décret.

« Fait au palais de Saint-Cloud, le 30 août 1852.

« LOUIS-NAPOLÉON.

« Par le prince-président :

« *Le ministre des travaux publics*,

« P. MAGNE.

« *Le garde des sceaux*,

« ABBATUCCI. »

Cependant l'opinion publique commençait à se préoccuper de l'infériorité où une simple exposition nationale allait placer la France relativement à Londres et à New-York.

Le décret du 11 mars 1853 eut donc pour objet de transformer l'exposition nationale de 1854 en exposition universelle, fixée au 1er mai 1855 :

« Napoléon,

« Par la grâce de Dieu et la volonté nationale, empereur des Français,

« A tous présents et à venir, salut :

« Sur le rapport de notre ministre secrétaire d'État au département de l'intérieur,

« Avons décrété et décrétons ce qui suit :

« Article 1er. Une exposition universelle des produits agricoles et industriels s'ouvrira à Paris, dans le Palais de l'Industrie, au carré de Marigny, le 1er mai 1855, et sera close le 30 septembre suivant.

« Les produits de toutes les nations seront admis à cette exposition.

« Art. 2. L'exposition quinquennale, qui, aux termes de l'art. 5 de l'ordonnance du 4 octobre 1833, devait s'ouvrir le 1er mai 1854, sera réunie à l'exposition universelle.

« Art. 3. Un décret ultérieur déterminera les conditions dans lesquelles se fera l'exposition universelle, le régime sous lequel seront placées les marchandises exposées, et les divers genres de produits susceptibles d'être admis.

« Art. 4. Notre secrétaire d'État au département de l'intérieur est chargé de l'exécution du présent décret.

« Fait au palais des Tuileries, le 8 mars 1853.

« Napoléon.

« Par l'empereur :

« *Le ministre secrétaire d'État au département de l'intérieur,*

« F. de Persigny. »

Un décret du 22 juin de la même année réunit à cette solennité une Exposition universelle des beaux-arts, et, le 24 décembre suivant, l'Exposition universelle des produits de l'agriculture, de l'industrie et des beaux-arts était placée sous la direction et la surveillance d'une commission présidée par S. A. I. le prince Napoléon, et composée de :

MM. A. Fould, ministre d'État,
P. Magne, ministre des finances,
Rouher, ministre de l'agriculture, du commerce et des travaux publics,
} *Vice-Présidents ;*

Baroche, président du conseil d'État ;
Billault, ministre de l'intérieur ;
Troplong, président du Sénat ;
Comte de Morny, président du Corps législatif ;
Maréchal Vaillant, ministre de la guerre ;

MM. Lord Cowley, ambassadeur d'Angleterre;

Élie de Beaumont, sénateur, membre de l'Institut.

Michel Chevalier, conseiller d'État, membre de l'Institut;

Eugène Delacroix, peintre, membre de la Commission municipale et départementale de la Seine;

Jean Dolfus, manufacturier;

Dumas, sénateur, membre de l'Institut;

Baron Charles Dupin, sénateur, membre de l'Institut:

Comte de Gasparin, membre de l'Institut;

Gréterin, conseiller d'État, directeur général des douanes et des contributions indirectes;

Heurtier, conseiller d'État;

Ingres, membre de l'Institut;

Legentil, président de la chambre de commerce de Paris;

Leplay, ingénieur en chef des mines;

Comte de Lessers, directeur des consulats et des affaires commerciales au ministère des affaires étrangères;

Mérimée, sénateur, membre de l'Institut;

Mimerel, sénateur;

Général Morin, directeur du Conservatoire impérial des arts et métiers;

MM. Prince DE LA MOSKOWA, sénateur;

Marquis DE PASTORET, sénateur, membre de l'Institut;

ÉMILE PEREIRE, président du conseil d'administration du chemin de fer du Midi;

Général PONCELET, membre de l'Institut;

REGNAULT, membre de l'Institut, administrateur de la manufacture impériale de Sèvres;

SALLANDROUZE, manufacturier, député au Corps législatif;

DE SAULCY, membre de l'Institut, conservateur du Musée d'artillerie;

SCHNEIDER, vice-président du Corps législatif, membre du conseil supérieur du commerce, de l'agriculture et de l'industrie;

Baron SEILLÈRE (Achille);

SEYDOUX, député au Corps législatif;

SIMART, membre de l'Institut;

VAUDOYER, architecte;

ARLÈS DUFOUR, secrétaire général;

A. THIBAUDEAU, secrétaire général adjoint;

DE MERCEY, secrétaire de la section des beaux-arts;

AUDIGANNE,
CHEMIN-DUPONTÈS, } *Secrétaires de la section de l'agriculture et de l'industrie.*

Pendant cinquante ans, MM. les ministres des travaux publics, de l'agriculture et du commerce ont dormi sur leurs fauteuils ; il est temps qu'ils s'éveillent enfin. L'industrie fait chaque jour des progrès incroyables, enfante de nouvelles merveilles; rien ne peut plus arrêter longtemps sa marche ; rien, pas même la guerre.

Le monde entier a voulu apporter à notre Exposition les échantillons les plus brillants de ses produits, de ses industries. Le nombre des exposants de Londres n'était guère que de dix-huit mille ; dans son discours d'inauguration, le prince Napoléon a évalué à vingt mille les exposants admis au Palais des Champs-Élysées.

Tout nous fait donc espérer pour cette seconde fête internationale, symbole d'alliance et de paix offert à la grande famille humaine, un succès égal au moins à celui de la grande exhibition d'Hyde-Park en 1851.

De cette grande revue industrielle devront nécessairement surgir de grands enseignements, des comparaisons utiles pour tout le monde.

Après avoir embrassé l'ensemble des diverses parties de l'Exposition, nous aurons à constater l'état actuel des diverses fabrications, et à comparer le degré de perfection des produits similaires. Enfin, nous examinerons les prix, et nous verrons si le bon marché est dû à une fabrication plus habile, plus intelligente ou à la qualité inférieure des produits manufacturés.

III

LE PALAIS DE L'INDUSTRIE.

Construit sur les plans de M. Alexis Barrault, ingénieur, et sur les dessins de M. Viel, architecte, le Palais de l'Industrie forme un vaste parallélogramme, long de deux cent cinquante mètres et large de cent huit.

De loin, son dôme de cristal rappelle assez l'aspect de la mer.

L'entrée principale du Palais, donnant sur l'avenue des Champs-Élysées, a un caractère vraiment monumental et d'une grandeur imposante.

La grande porte d'entrée, formée en plein cintre, dessine une arche gigantesque plus grande que celle de l'arc de triomphe de l'Étoile. Au milieu de cette immense arcade, trois portes d'entrée, dont les deux latérales manquent complétement d'espace.

Cette porte d'honneur s'ouvre au milieu d'un avant-corps surmonté d'une attique que domine la statue colossale de la France distribuant des couronnes d'or à l'Art et à l'Industrie, assis à ses pieds.

Ce groupe est de M. Élias Regnault.

A droite et à gauche sont deux groupes de génies

gracieux de mouvement et soignés d'exécution, soutenant des cartouches ornés des armes et des chiffres de Napoléon.

Au-dessous du groupe principal s'étend une frise soutenue par quatre colonnes corinthiennes; contrairement aux règles de l'art, le piédestal les dépasse en hauteur et atteint le premier étage. Les figures représentent l'Industrie et l'Art offrant leurs produits au buste de l'Empereur. Ce bas-relief, d'un ensemble agréable, est de M. Desbœufs.

Au sommet de la voûte, M. Victor Vilain a sculpté un aigle colossal aux ailes déployées, de quatre mètres d'envergure.

Deux grandes Renommées, sculptées par Diébolt, ornent à droite et à gauche les tympans du grand arc. Quatre médaillons de grands hommes complètent l'ornementation de l'avant-corps du Palais.

Quatre pavillons, Nord-Ouest, Sud-Ouest, Nord-Est, Sud-Est, coupent le parallélogramme à angle droit, et forment saillie avec retour.

Les parties latérales, qui se détachent de l'avant-corps, sont formées de deux étages éclairés par un double rang de six cents hautes fenêtres en plein cintre. Cette interminable répétition de fenêtres juxtaposées sur deux étages nous a paru monotone et nuisible à l'effet de l'ensemble.

Deux cent cinq noms d'hommes illustres dans les

sciences, les arts et l'industrie, sont gravés en lettres d'or sur la frise qui règne tout autour de ce nouveau Panthéon de l'industrie universelle.

Nous donnerons plus loin les noms et quelques notes biographiques.

L'intérieur du bâtiment est divisé par quatre galeries et une grande nef centrale ayant cent quatre-vingt-douze mètres de long, quarante-huit de large et trente-cinq mètres d'élévation.

Les quatre galeries longitudinales et transversales ont un rez-de-chaussée et sont coupées à la hauteur du premier étage par une galerie supérieure qui règne autour de la grande nef.

Une balustrade élégante permet d'embrasser d'un coup d'œil tout l'espace compris dans le transsept.

Sur tout le pourtour de la grande nef règne une frise peinte dont les ornements sont en harmonie avec ceux de la galerie supérieure. Cette frise se compose de panneaux découpés à jour, entre lesquels sont placés des écussons surmontés de couronnes murales et peints aux armes des villes de France.

Douze grands escaliers, placés dans les six pavillons, mettent en communication le premier étage et le rez-de-chaussée.

Le pavillon Nord contient : le salon de l'Empereur, les différentes salles des jurys, le logement du directeur, les bureaux de l'administration, vestiaires, corps de garde, etc.

Dans le pavillon Sud sont les salles affectées au service médical, vestiaires, corps de garde, etc.

Les pavillons Nord-Ouest, Sud-Ouest, Nord-Est et Sud-Est contiennent, outre les escaliers doubles, des vestiaires et des sorties extérieures.

L'enceinte du Palais et les pavillons sont en pierre, l'intérieur en fer et en fonte, et la couverture en glaces dépolies.

La superficie totale du Palais s'élève à quarante-cinq mille mètres carrés, dont vingt-sept mille pour le rez-de-chaussée, et dix-huit mille pour les galeries supérieures.

ANNEXES.

Construit en vue d'une Exposition nationale, le Palais de l'Industrie est devenu, malgré ses vastes proportions, insuffisant pour une Exposition universelle.

La Commission comprit la nécessité de construire une annexe destinée à recevoir les machines, les matières premières et les produits les plus encombrants.

Cette annexe, qui a été placée le long du quai, depuis la place de la Concorde jusqu'à Chaillot, embrasse en ligne droite une longueur de douze cents mètres, sous une voûte en verre de dix-sept mètres d'élévation.

On obtint ainsi une surface disponible de trente mille mètres carrés.

Sur la moitié du parcours, on a construit, des deux côtés, à la hauteur d'un premier étage, deux longues galeries, la première longeant le quai, l'autre l'avenue du Cours-la-Reine, larges chacune de six mètres, et laissant à la perspective toute sa profondeur.

Près de quatre cents colonnes octogones, en fonte et à moulures, séparent le transsept des nefs latérales et soutiennent les galeries du premier étage. Plus de huit cents autres colonnes supportent les arceaux de fonte entre lesquels sont placés les châssis vitrés.

Plus tard encore, diverses additions ont été résolues au fur et à mesure des demandes qui affluaient de toutes parts à la sous-commission de l'Exposition, et auxquelles le manque d'espace ne permettait plus de satisfaire. On espérait que rien ne serait plus changé aux dimensions des galeries de l'Exposition, lorsque les plaintes des fabricants de Paris ont décidé le gouvernement à faire encore un effort pour accroître l'espace disponible. En effet, près de la moitié des industriels de Paris n'avaient pas pu être admis, faute de place; ceux qui avaient été plus heureux avaient obtenu un emplacement si étroit, qu'il leur était impossible de déployer leurs produits avec avantage.

Quelques industries importantes avaient été presque

entièrement sacrifiées. L'ébénisterie du faubourg Saint-Antoine, qui avait fait de grands sacrifices pour l'Exposition, ne devait être représentée que par des échantillons tout à fait insignifiants.

Enfin, on s'est décidé à construire une nouvelle galerie qui relie le palais principal à l'annexe du bord de l'eau.

La rotonde du Panorama se trouve placée au milieu de cette galerie; elle servira de buffet pour la vente des rafraîchissements. Mais, comme il n'était pas possible d'intercepter la voie publique du Cours-la-Reine, entre l'annexe et le Palais de l'Industrie, cette galerie se termine, entre la rotonde et l'annexe, par un pont.

On a évité ainsi le grave inconvénient d'être obligé de sortir du palais principal pour entrer dans l'annexe.

Cette nouvelle galerie ajoute environ six mille mètres carrés à la superficie générale.

Ainsi, l'emplacement de l'Exposition forme un ensemble de quatre-vingt-neuf mille mètres carrés, divisés de la manière suivante :

Palais principal, au rez-de-chaussée.	27,000 mètres.
— dans les galeries sup.	18,000
Annexes au rez-de-chaussée. . . .	30,000
— dans la galerie supérieure.	8,000
Nouvelle galerie de la Rotonde. . .	6,000
Total. . .	89,000 mètres.

Si à ces diverses constructions on ajoute les vingt mille mètres du Palais des Beaux-Arts, dix mille mètres pour l'Exposition d'Horticulture, on arrive à trouver environ CENT VINGT MILLE mètres carrés, ou douze hectares, soit un tiers de plus que n'en offrait l'Exposition de Londres.

La construction du Palais de l'Industrie était d'abord évaluée à treize millions. Les travaux supplémentaires des annexes ont entraîné un excédant de dépenses de quatre millions. — Total, dix-sept millions de francs.

La France pourra se glorifier à juste titre de l'Exposition universelle de 1855. Mais voici quelques chiffres qui disent aussi ce que la Palais de l'Industrie a coûté aux ouvriers qui l'ont construit :

On compte cinq cent quatre-vingt-quatorze blessés, vingt-cinq chutes, dix-neuf fractures et six morts.

INAUGURATION.

Le 15 mai, à dix heures du matin, l'infanterie massée dans les environs du palais des Tuileries forma une haie depuis le château jusqu'à l'entrée principale du Palais de l'Industrie.

Les portes du Palais s'ouvrirent, et le public fut, pour la première fois, admis à pénétrer dans l'intérieur.

Au milieu de la nef, en face de la porte principale

que nous avons décrite, s'élevait le trône impérial.

Deux fauteuils et un pliant étaient placés sous un dais de velours pourpre, surmonté de la couronne impériale et parsemé d'abeilles d'or. De chaque côté du baldaquin tombait une large draperie à franges d'or. Sur le fond se détachaient les armes de l'Empire.

Devant le trône et aux deux côtés étaient rangées des banquettes couvertes également de velours rouge, destinées aux dames des maisons impériales, au Sénat, au Corps législatif, au conseil d'État, au corps diplomatique, aux membres de la Commission impériale, au jury international, aux commissaires étrangers, à la cour de cassation, et, enfin, à tous les corps constitués convoqués à cette grande solennité.

Dans les entre-colonnements de la galerie principale étaient appendus des cartouches portant les noms des nations qui ont envoyé leurs produits à l'Exposition. Le nom de l'Angleterre s'y trouve dix fois répété; celui des États-Unis cinq; celui de la Belgique trois; celui de l'Autriche quatre. La Prusse, la Saxe, le Hanovre, le Wurtemberg, la Bavière, y apparaissent chacun une fois. Vingt-deux cartouches répètent le nom de la France. Au-dessus de ces cartouches se détachent les armes des nations qui y sont inscrites, et de chaque côté sont des trophées de drapeaux aux couleurs de chacune de ces nations.

Un nombre considérable de banderoles suspendues à

la voûte portent les noms des principales villes dont les produits vont s'étaler aux yeux des visiteurs. Paris, Londres, New-York, Valenciennes, Nantes, Bordeaux, Marseille, Lille, Rouen, Mulhouse, Lyon, Rennes, Elbeuf, Limoges, Saint-Étienne, Toulouse, le Havre, Nîmes, Sedan, Louviers, Turin, Rome, Leeds, Sheffield, Birmingham, Glascow, Manchester, Dublin, Édimbourg, Philadelphie, Baltimore, Boston, Bruxelles, Namur, Liége, Charleroy, Vienne, Prague, Milan, Berlin, Dresde, Munich.

A une heure moins quelques minutes, le canon des Invalides annonça le départ de l'Empereur et de l'Impératrice, qui traversèrent le jardin des Tuileries dans une splendide voiture à huit chevaux.

Le cortége impérial défila dans l'ordre suivant :

En tête, un escadron de cuirassiers de la garde impériale.

Puis suivaient les voitures des grands dignitaires de la maison de l'Empereur ; S. A. I. la princesse Mathilde, accompagnée de son chevalier d'honneur et des dames de sa maison.

Enfin, le carrosse impérial.

Un escadron de cuirassiers de la garde fermait la marche ; les tambours battaient aux champs, et la musique jouait l'air : *Partant pour la Syrie.*

LL. MM. furent reçues à l'entrée du Palais de l'Industrie et conduites jusqu'au trône par S. A. I. le prince

Napoléon, président de la Commission supérieure de l'Exposition universelle, accompagné des officiers de sa maison, des secrétaires généraux et du commissaire général.

A la droite du trône étaient les ambassadeurs et les ministres; à gauche, les membres de la famille impériale et la maison de LL. MM. Les maréchaux, les cardinaux, les grand-croix de l'ordre de la Légion d'honneur.

A leurs places respectives se tenaient les députations des corps constitués de l'État, des cours et tribunaux, la cour impériale, les membres du jury de l'Exposition et du jury international, les membres de l'Institut.

L'Empereur et l'Impératrice, précédés des officiers de la maison impériale, firent leur entrée au milieu des acclamations de l'assemblée. LL. MM. étaient suivies de la princesse Mathilde, derrière laquelle marchaient cinq dames d'honneur.

L'Empereur et l'Impératrice, parvenus au trône, saluèrent l'assemblée, qui leur répondit par de vives acclamations.

Le prince Napoléon, se tournant alors vers l'Empereur, lui adressa le discours dans lequel nous avons remarqué les passages suivants :

« Sire,

« L'Exposition universelle de 1855 s'ouvre aujourd'hui, et la première partie de la tâche que vous nous avez donnée est remplie.

« Permettez-moi, Sire, de vous exposer, au nom de la commission impériale, le but que nous avons voulu atteindre, les moyens que nous avons employés et les résultats que nous avons obtenus.

« Nous avons voulu que l'Exposition universelle ne fût pas uniquement un concours de curiosité, mais un grand enseignement pour l'agriculture, l'industrie et le commerce, ainsi que pour les arts du monde entier. Ce doit être une vaste enquête pratique, un moyen de mettre les forces industrielles en contact, les matières premières à portée du producteur, les produits à portée du consommateur ; c'est un nouveau pas vers le perfectionnement, cette loi qui vient du Créateur, ce premier besoin de l'humanité et cette indispensable condition de l'organisation sociale.....

« Nous avons suivi nos voisins et alliés, qui ont eu la gloire du premier essai ; nous l'avons complété par l'appel aux beaux-arts.

« Votre Majesté a constitué la commission impériale le 24 décembre 1853. Notre premier travail a été le règlement général que vous avez approuvé par décret du 6 avril, qui est devenu la loi constitutive de l'Exposition, et qui comprend une classification que nous croyons plus rationnelle.....

« Enfin, par une innovation hardie qui n'avait pas été faite à Londres, les produits exposés peuvent porter l'indication de leur prix, qui devient ainsi un élément sérieux d'appréciation pour les récompenses. Tous ceux qui s'occupent des questions industrielles comprendront combien ce principe est important et quelles peuvent en être les conséquences, malgré certaines difficultés d'appréciation.

« Dans les beaux-arts, deux systèmes se présentaient : fallait-il faire une Exposition pour les œuvres, sans se préoccuper de savoir si les artistes étaient morts ou vivants, ou pour les artistes, en n'admettant que les œuvres des vivants?

« La première idée a été soutenue ; elle répondait peut-être mieux au programme qui voulait un concours de l'art au dix-neuvième siècle ; elle n'a cependant pas été adoptée à cause des difficultés d'exécution qu'elle soulevait.

« Nous avons accueilli sans révision toutes les œuvres des artistes étrangers admises par leurs comités ; nous n'avons été sévères que pour nous-mêmes. La tâche d'un jury d'admission est difficile et ingrate, surtout dans une Exposition universelle, où les principes des Expositions ordinaires n'étaient plus applicables, et où le jury avait à choisir les armes de la France dans cette lutte qui s'agrandissait.....

« La séparation du bâtiment affecté aux beaux-arts a tout d'abord été reconnue indispensable, et cette construction provisoire a été achevée à l'époque fixée. A mesure que l'Exposition prenait du développement, on décidait la construction nouvelle. Pendant que j'étais en Orient pour le service de la France et de Votre Majesté, une annexe de 1,200 mètres de long sur le bord de la Seine a été établie. Cette annexe, qui contient les machines en mouvement, sera terminée dans quinze jours.

« Depuis quelques semaines seulement, le Panorama a été reconnu indispensable ; il doit être entouré d'une vaste galerie qui mettra en communication le bâtiment principal avec l'annexe, et qui sera prête avant un mois.

« Alors l'Exposition sera complète.

« Dans notre pays, c'est habituellement le gouvernement qui se charge de toutes les grandes entreprises ; pour arrêter l'exagération de cette tendance, Votre Majesté a donné un grand essor à l'industrie privée. La Compagnie à laquelle l'exploitation du Palais de l'Industrie a été concédée devait trouver dans le prix d'entrée la rémunération du capital employé à la construction ; de là la nécessité d'un prix d'entrée. Nous avons cependant sauvegardé autant que possible les intérêts du peuple en obtenant que, les dimanches, l'entrée fût réduite à 20 centimes.

« Nous pouvons, dès à présent, grâce au catalogue fait avec une grande activité, indiquer le nombre des exposants. Il ne s'élèvera pas à moins de 20,000, dont 9,500 de l'empire français, et 10,500 environ de l'étranger. »

L'Empereur a répondu à S. A. I. :

« Mon cher cousin,

« En vous plaçant à la tête d'une commission appelée à surmonter tant de difficultés, j'ai voulu vous donner une preuve particulière de ma confiance. Je suis heureux de voir que vous l'avez si bien justifiée. Je vous prie de remercier, en mon nom, la commission des soins éclairés et du zèle infatigable dont elle a fait preuve. J'ouvre avec bonheur ce temple de la paix qui convie tous les peuples à la concorde. »

Après ce discours, et pendant que l'orchestre exécutait l'ouverture de la *Muette*, LL. MM. descendirent du trône. L'Empereur, donnant la main à l'impératrice, suivi du prince Napoléon, de la princesse Mathilde, des officiers et des dames de leurs maisons, parcoururent lentement la galerie principale. LL. MM., après être revenues à leur point de départ, saluèrent l'assemblée et se retirèrent au bruit de nouvelles acclamations. De nouvelles salves d'artillerie annoncèrent leur retour aux Tuileries.

Quand on se reporte à la modeste exhibition du Champ de Mars, imaginée par le Directoire, on est frappé de la haute fortune, de la faveur immense qui s'attache aux Expositions, et l'on cherche les motifs de ce concours empressé de toutes les parties du monde.

Ils sont bien évidents, selon nous : c'est que l'industrie n'est pas une puissance isolée... c'est qu'elle représente la civilisation qui se développe et grandit chaque jour... le progrès collectif et simultané des lettres, des sciences et des arts.

Glorifier l'industrie, n'est-ce pas élever un palais au travail?

BIOGRAPHIE

DES

INVENTEURS ET HOMMES CÉLÈBRES

DONT LES NOMS SONT GRAVÉS

SUR LES MURS DU PALAIS DE L'INDUSTRIE

Abailard (Pierre), religieux de l'ordre de Saint-Benoît, né à Palais, près de Nantes, en 1079, mort au prieuré de Saint-Marcel, près de Châlons-sur-Saône, en 1142. Il dut à son malheur de passer à la postérité. Singulier nom sur les murs d'un palais de l'industrie.

Adanzon (Michel), né à Aix le 7 avril 1727, mort à Paris en 1806; botaniste. Il a laissé une histoire naturelle du Sénégal et la *Famille des plantes*. Nous supprimerons cette formule sacramentelle « mort dans la misère, » qui couronne à peu près toutes les biographies des inventeurs et des hommes utiles.

Amontons (Guillaume), né à Paris en 1663, mort en 1705. Il est le véritable inventeur de l'art télégraphique.

Ampère, né en 1775, mort en 1837. Son *Essai sur la philosophie des sciences*, publié en 1834, prouve une connaissance profonde des sciences morales, physiques et naturelles.

Apelles vivait en 332 avant Jésus-Christ. Son nom est le symbole de la peinture en Grèce.

Arago (François) astronome, né à Perpignan en 1786, mort à Paris en 1853. Un des noms les plus illustres du dix-neuvième siècle. Son caractère fut aussi honorable que ses connaissances étaient vastes et profondes.

Archimède, né à Syracuse, 287 ans, et mort 212 ans avant Jésus-Christ. Il a laissé, *de la Sphère et du Cylindre*, un *Traité des spirales*. Il a donné son nom à la vis sans fin. Le premier il constata cette loi physique, « qu'un corps plongé dans un liquide perd une partie de son poids égale à celui du volume du liquide qu'il déplace. »

Arrighetti, mathématicien, né à Florence, mort en 1643.

Bacon (Roger), né en Angleterre en 1244, mort en 1294. Philosophe et mathématicien, l'homme le plus savant de son siècle. Il inventa le télescope et découvrit la poudre, que les Chinois connaissaient depuis les temps fabuleux.

Ballin, né à Paris en 1615, mort en 1678. Orfèvre et graveur sur métaux du temps de Louis XIV.

Barreau (F.), né à Toulouse en 1731, mort à Paris en 1814. Tourneur sur métaux. Il a inventé le tour en l'air et le tour à pointes.

Becker, né à Coblentz en 1675, mort en 1745. Orfévre et graveur sur pierres fines.

Belle (La), né à Florence en 1610, mort en 1664. Graveur à l'eau forte. Il grava une collection de cartes pour faciliter à Louis XIV l'étude de l'histoire et de la géographie.

Bell (Henri) construisit en 1811 un bateau à vapeur qu'il nomma la *Comète*.

Bergmann, né à Upsal en 1737, mort en 1784. Chimiste suédois. La science doit à ses expériences l'acide carbonique, l'acide oxalique et l'hydrogène sulfuré.

Bernini (J.-L.), né à Naples en 1598, mort en 1680. Peintre, sculpteur et architecte. Il construisit la colonnade circulaire et la coupole de Saint-Pierre de Rome.

Bernouilly (J.), né à Baden-Baden en 1654, mort en 1724. Astronome et mathématicien. C'est le premier savant qui ait indiqué les révolutions périodiques des planètes.

Bernwald, né en 950, mort en 1025. Évêque, sculpteur, graveur, orfévre, mosaïste, enlumineur de missels.

Berthollet, né à Chambéry en 1754, mort en 1822. Il fut un des créateurs de la chimie moderne.

Berthoud (F.), né en Suisse en 1727, mort à Londres en 1807. Horloger-mécanicien. Fit le premier les montres-marines, si précieuses pour la marine.

Bodoni, né à Saluce le 16 février 1740, mort à

Parme en 1813. Il fut l'Elzévir de l'imprimerie royale de Parme.

BOERHAAVE, né à Leyde en 1667, mort en 1738. Médecin célèbre.

BORDA, né à Dax en 1733, mort à Paris en 1799. Capitaine de vaisseau, membre de l'Académie des sciences et de l'Institut. Son système des poids et mesures fut adopté par l'Assemblée nationale de 1789 : on lui doit les tables trigonométriques décimales, le cercle à réflexion et des recherches savantes sur la résistance des fluides.

BOULE, né à Paris en 1642, mort en 1732. Il a donné son nom aux meubles à incrustations métalliques.

BRÉGUET, né en Suisse en 1747, mort à Paris en 1820. Il fit en horlogerie des merveilles de goût, d'élégance et de précision.

BRÉMONTIER, né à Pau en 1762, mort à Paris en 1809. Inspecteur général des ponts et chaussées.

BRONGNIART, mort à Paris en 1804. Pharmacien de Louis XVI. Professeur de chimie au Jardin des Plantes de Paris.

BRUNEL, né à Hacqueville en 1768, mort à Londres en 1850. La construction du tunnel sous la Tamise l'a rendu célèbre. L'invention d'une poulie et d'un moulin à scie le fit créer baronnet, en 1841, par le gouvernement anglais. Il serait mort de faim à Paris.

Buffon, né à Montbard en 1707, mort à Paris en 1788. Naturaliste.

Bulland (J.), architecte, sculpteur florentin ; il travailla avec Philibert Delorme à la construction des Tuileries vers 1540. Il a construit la colonne astronomique de Catherine de Médicis engagée dans la Halle aux blés.

Callot (Jacques), né à Nancy en 1593, mort en 1635. Tout le monde connaît le *Massacre des Innocents*, les *Malheurs de la guerre*, les *Capitaines*, ses *Fantaisies*, les *Gueux*, les *Tentations de saint Antoine* ; ses œuvres complètes se composent de seize cents pièces.

Canova, né dans les États de Venise en 1747, mort en 1822. Sculpteur. Ses principaux ouvrages sont : l'*Amour et Psyché*, *Vénus et Adonis*, la *Madeleine repentie*, la *Princesse Borghèse sortant du bain demi-nue*, une statue de Napoléon, du roi Ferdinand de Naples, les bustes de Pie VII et de François II.

Cassini, né à Nice en 1625, mort en 1712. Il fut l'Arago de son époque. En 1660 il découvrit et mesura la rotation de Mars, Jupiter, Vénus, et de leurs satellites.

Caux (Salomon de), né en 1590, mort à Bicêtre en 1630. Le premier il donna, en 1615, une description fort détaillée d'un appareil mû par la vapeur intitulé : la *Raison des forces mouvantes*.

Cavendisch, né en Angleterre en 1735, mort en 1810. Il a découvert le gaz hydrogène et reconnu les éléments constitutifs de l'eau.

Canton, né en Angleterre en 1410, mort en 1491. Il imprima le premier livre anglais à l'abbaye de Westminster en 1474.

Cellini (Benvenuto), né à Florence en 1500, mort en 1570. Sculpteur, graveur et orfévre. Appelé en France par François Ier et renvoyé par la duchesse d'Étampes.

Chappe (Claude), né à Drulon en 1763, mort à Paris en 1805. Il perfectionna, en 1792, le télégraphe inventé en 1663 par Amontons.

Chaptal, né à Nosaret en 1756, mort à Paris en 1832. Il débuta par la publication de ses *Éléments de chimie*. En 1804, il publia un *Traité de chimie appliquée aux arts*.

Cimabue, né à Florence en 1240, mort en 1310. Il est le premier peintre du moyen âge.

Cœur (Jacques), né à Bourges en 1400, mort à Chio en 1461. Il acquit dans le commerce une fortune colossale et passait pour le plus riche particulier de son époque. Il fut condamné au bannissement et dépouillé par une commission présidée par le comte de Chabannes.

Colbert, né à Reims en 1619, mort à Paris en 1683. Un des plus grands ministres de la monarchie.

Colomb (Christophe), né dans les États de Gênes en 1441, mort à Valladolid en 1506. L'Amérique fut découverte par lui le 12 octobre 1492.

Conté, né à Séez en 1755, mort en 1805. Il suivit Napoléon en Égypte et fonda la fabrique de crayons qui porte son nom.

Cook, né à Mastoy en 1728, mort en 1779. Le plus célèbre navigateur anglais. Il a découvert la Nouvelle-Calédonie, et pénétra le premier dans les glaces du détroit de Behring. Assassiné, le 13 février, par les naturels des îles Sandwich.

Copernic, né en Prusse en 1473, mort en 1543. Médecin, philosophe et astronome.

Coucy (de), né à Reims, mort en 1311. Architecte. Il acheva la cathédrale de Reims, commencée par Hugues Libergier. C'est un des plus beaux monuments de l'art gothique du treizième siècle.

Cousin, né à Paris en 1739, mort en 1800. Membre de l'Académie des sciences. Il a laissé des leçons de calcul différentiel et intégral très-estimées.

Coustou (Nicolas), né à Lyon en 1658, mort en 1733. C'est le premier sculpteur du règne de Louis XIV, sans contredit. Ses gracieux chefs-d'œuvre ornent le jardin des Tuileries, l'église Notre-Dame et le parc de Versailles.

Cuvier (Georges), né à Montbéliard en 1769, mort en 1832. Les *Leçons d'anatomie comparée* et son *Dis-*

cours sur les Révolutions du globe ont placé son nom parmi ceux des plus grands génies du monde.

Daguerre, né à Cormeilles en 1789, mort en 1840. Peintre et décorateur de théâtre, il eut pour collaborateurs de sa découverte M. Niepce et le soleil.

Dalembert, né à Paris en 1717, mort en 1783. Enfant naturel de madame de Tencin, et exposé par elle sous le porche d'une église, il fut recueilli et élevé par la femme d'un vitrier. Membre de l'Académie des Sciences à vingt-quatre ans, il publia, deux ans plus tard, son *Traité de la dynamique*, puis le *Traité des fluides*, puis les *Recherches sur différents points importants du système du monde;* le discours préliminaire de l'Encyclopédie, le plus beau monument littéraire et scientifique du dix-huitième siècle.

Darcet, né en Guyenne en 1725, mort à Paris en 1801. Ami et collaborateur de Montesquieu, il retrouva le secret de la fabrication de la porcelaine, et démontra la combustibilité du diamant.

Daubenton, né à Montbard en 1716, mort en 1799. Il fut l'ami et le collaborateur modeste de Buffon. Il est l'auteur de la partie anatomique de son *Histoire naturelle.*

Davy (Humphry), né à Penzance en 1778, mort à Genève en 1829. Célèbre chimiste anglais. Il a inventé la lampe qui porte son nom : elle préserve les mineurs du feu grisou, en empêchant la combustion des gaz inflammables.

DELAMBRE, né à Amiens en 1749, mort à Paris en 1822. Astronome et polyglotte savant. Nous lui devons la base du système métrique. Il a écrit l'histoire de l'astronomie ancienne et moderne, et l'histoire de l'astronomie au dix-huitième siècle.

DELESSERT (Benjamin), né en Suisse. Banquier. Régent de la Banque de France.

DELORME (Philibert), né à Lyon en 1505, mort en 1577. Sous Henri II, il construisit la cour en fer à cheval du palais de Fontainebleau, dessina les plans des châteaux d'Anet et de Meudon, et construisit, sous Catherine de Médécis, le pavillon de l'Horloge et les deux ailes centrales du palais des Tuileries.

DESBROSSES (Jacques). L'époque de sa naissance et de sa mort est inconnue. Il a construit le palais du Luxembourg vers 1620, le portail de l'église Saint-Gervais, le château de Monceaux et l'aqueduc d'Arcueil.

DESCARTES, né à la Haye (Touraine), mort à Stockholm en 1650. Un des hommes les plus savants, un des plus grands philosophes du dix-septième siècle. Il était fils d'un conseiller au parlement de Rennes. Il a créé la géométrie analytique. Son *Discours sur la méthode* est la théorie du doute raisonné. On voit son tombeau dans l'église Saint-Germain-des-Prés, dans une chapelle latérale, à droite, en face du tombeau de Nicolas Boileau.

DIDOT (Firmin), né à Paris en 1764, mort en 1836. Il a inventé la stéréotypie.

DOMBASLE (Mathieu de), né à Nancy en 1778, mort en 1843. Il a perfectionné la charrue et lui a donné son nom. Il fonda l'Institut agricole de Roville.

DUCERCEAU (Androuet), né à Paris vers 1540, mort en exil. En 1578, sous Henri III, il commença le pont Neuf, qui ne fut terminé qu'en 1604, sous Henri IV, par Guillaume Lemarchand.

DULONG, né à Rouen en 1785, mort à Paris en 1838. La chimie et la physique lui doivent des découvertes qui ne sont pas sans importance.

DUMONT-DURVILLE, né à Condé-sur-Noireau en 1790, mort à la catastrophe du chemin de fer de Versailles (rive gauche), le 8 mai 1842. Naturaliste et navigateur célèbre. Il découvrit, dans l'archipel grec, la Vénus de Milo, un des plus précieux chefs-d'œuvre de la statuaire antique.

DUPÉRAC, né à Bordeaux en 1560, mort en 1601. Architecte, peintre et dessinateur du seizième siècle.

DURER (Albert), né à Nuremberg en 1470, mort en 1528. Peintre célèbre, chef de l'école allemande. Il inventa la gravure à l'eau-forte.

ÉLOI (Saint), né à Cardillac en 588, mort en 659. Habile orfévre. On lui attribue le fauteuil en fer de Dagobert, que l'on conserve à la Bibliothèque de la rue de Richelieu.

Erad, né à Strasbourg en 1752, mort à Paris en 1831. Fabricant de pianos.

Éricson. Ingénieur américain. Les expériences de sa machine à air chaud n'ont pas encore, du moins que nous sachions, réalisé les espérances annoncées par la presse américaine et anglaise.

Euler (Léonard), né à Bâle en 1707, mort en 1783. Astronome savant, mathématicien spirituel. Il a laissé des *Lettres à une princesse d'Allemagne*, que les gens du monde peuvent lire avec plaisir.

Erwin de Steinbach, né à Strasbourg en 1260, mort en 1318. Architecte. Il dessina les plans de Notre-Dame de Strasbourg. Il laissa, en mourant, les trois portes et les deux tours élevées jusqu'à la plate-forme.

Fermat (de), né à Toulouse en 1600, mort en 1665. Conseiller au parlement de Toulouse; Pascal lui écrivait : « Je vous tiens pour le plus grand géomètre de toute l'Europe. »

Ferry (C.), né dans les Vosges en 1776, mort à Paris en 1845. Député sous la Convention; examinateur de l'École polytechnique, il collabora à la *Revue encyclopédique* et au *Dictionnaire de la conversation*.

Fourcroy, né à Paris en 1755, mort en 1809. Professeur de chimie au Jardin des Plantes, membre de l'Académie des sciences.

Franklin, né à Boston en 1706, mort à Philadelphie en 1790. Apprenti coutelier, puis imprimeur, puis graveur. Il découvrit l'électricité et empala la foudre.

Fresnel, né à Bernay en 1788, mort à Paris en 1827. On lui doit l'application aux phares de lentilles de grandes dimensions et le perfectionnement de la lampe d'Argant.

Fulton, né en Pensylvanie en 1767, mort à New-York en 1830. Venu à Paris en 1800, il lance, en 1803, deux bateaux à vapeur qui remontent la Seine. Le problème si longtemps cherché était enfin résolu. Il proposa son invention au gouvernement français : une commission de savants et d'ingénieurs fut officiellement chargée de l'examiner. Naturellement ces messieurs firent un rapport défavorable, et Fulton, rebuté, s'empressa de repasser en Amérique.

Gabriel, né à Paris en 1667, mort en 1742, architecte. Il éleva la colonnade du Garde-Meuble, l'École militaire et l'hôtel de ville de Rennes.

Galilée, né à Pise en 1564, mort à Arcatri en 1642. Astronome, inventeur du télescope. Il commit et expia le crime impardonnable de mettre la science en opposition avec la sainte Bible.

Galvani, né à Bologne en 1737, mort en 1798.

Une pomme tombée révèle à Newton les lois de la gravitation des corps : les tressaillements d'une grenouille en contact avec un fil électrique découvrirent le galvanisme.

Gambey, né en 1789, mort à Paris en 1847. Célèbre opticien. Il a inventé l'équatorial, le cathéomètre et l'héliostat.

Gassendi, né à Digne en 1592, mort à Paris en 1656. Il professa le système d'Épicure et écrivit contre les méditations métaphysiques de Descartes.

Geoffroy Saint-Hilaire, né à Étampes en 1772. Sa *Philosophie anatomique* et l'*Histoire des Mammifères* le placent à côté des Buffon, des Daubenton et des Cuvier.

Gellért, né en Prusse en 1751, mort en 1796. Il est l'auteur d'un *Dictionnaire de physique.*

Ghiberti, né à Florence en 1378, mort en 1455. Un des plus habiles orfévres du moyen âge. Il a sculpté les portes en bronze du baptistère de Florence.

Girard (Philippe de), né en 1775, mort à Paris en 1847. Inventeur de la première machine à filer le lin.

Gluck (Christophe), né en 1714, mort à Vienne en 1787. Musicien. Il inventa le trombone. Ses opéras sont : *Alceste*, *Armide*, *Orphée*, *Iphygénie en Tauride.* Il eut pour antagoniste Piccini.

Gobelin (Gilles). Il fonda, sous le règne de François Ier, la fabrique de tapis qui porte encore son nom.

Goujon (Jean) né à Paris et mort en 1572. Il a laissé les bas-reliefs de la fontaine des Innocents, les statues de la cour du Louvre, les deux cariatides de la salle du Musée et la statue de François Ier couchée sur son tombeau à Saint-Denis. Il fut assassiné, à la Saint-Barthélemy, le 22 août 1572.

Graindorge, né à Caen en 1516, mort en 1576. Médecin naturaliste.

Guericke (Othon de), né à Magdebourg en 1602, mort en 1686. Inventeur de la machine pneumatique.

Guttemberg, né à Mayence en 1400, mort en 1468. Il a découvert l'imprimerie et imprima la première Bible latine, en 1450, avec des caractères mobiles en bois.

Halley, né à Londres en 1656, mort en 1742. A dix-neuf ans, il détermina les aphélies et les excentricités des planètes.

Hartmann, né en 1764, mort à Strasbourg en 1827. Un des plus savants professeurs de l'Allemagne.

Harvey, né Folkstone en 1578, mort à Londres en 1657. Médecin de Jacques Ier et Charles Ier, il découvrit la circulation du sang.

Haussmann, né à Colmar en 1749, mort en 1824. Chimiste et manufacturier.

Herschell, né en Hanovre en 1738, mort à Londres en 1822. Astronome célèbre. Il publia ses découvertes dans un ouvrage imprimé à Londres, intitulé « *Philosophical transactions.* »

Jacquart, né à Lyon en 1752, mort en 1834. Il a laissé son nom au métier à tisser la soie dont il est l'inventeur.

Janvier, né à Saint-Claude en 1751, mort à Paris en 1835. Horloger célèbre. Il inventa une horloge planétaire qui suivait tous les mouvements des corps célestes. Elle est déposée au musée du Louvre. Il est mort à l'hôpital.

Jenner, né à Berkeley en 1749, mort à Londres en 1823. Un médecin français, Rabaud Pommier, communiqua ses observations sur la vaccine à un Irlandais, qui les transmit à Jenner, lequel Jenner eut la gloire de découvrir la vaccine.

Jussieu (De), né en 1686, mort à Paris en 1758. Auteur d'une nouvelle classification des familles des plantes.

Keller. Les frères Keller ont fondu toutes les belles statues en bronze du château de Versailles.

Képler, né à Weil en 1571, mort à Ratisbonne en 1630. Astronome célèbre. La loi selon laquelle les étoiles se meuvent autour du soleil dans un ordre elliptique est connue dans le monde savant sous le nom de *Règle de Képler*.

Kirchenberger, né à Berne en 1739, mort en 1800. Agronome, ami et correspondant de J.-J. Rousseau.

Labrosse (Guy de), né à Rouen. Médecin de Louis XIII. Il fonda, en 1626, le Jardin des Plantes.

Lacaille (Nicolas), né à Rumigny en 1713, mort en 1762. Astronome.

Lacépède, né à Agen en 1756, mort à Paris en 1825. Chargé par Buffon de continuer la publication de son *Histoire naturelle*, il publia l'*Histoire particulière et générale des Quadrupèdes ovipares*, l'*Histoire naturelle des Poissons*, en 1798, et l'*Histoire des Cétacés* en 1814.

Lagrange, né à Turin en 1736, mort à Paris en 1813. Mathématicien, astronome. Son grand ouvrage sur la *Mécanique analytique* réduit à de simples formules toutes les grandes questions sur les mouvements et l'équilibre des corps et des fluides.

Laplace, né à Caen en 1749, mort à Paris en 1817. Le premier des astronomes français. Ses ouvrages sont: *Exposition du monde*, son *Traité de mécanique céleste*, *Traité des probabilités*, *Traité du mouvement des planètes*.

Lavoisier, né à Paris en 1743, mort en 1794. Ancien fermier général. Il fut le créateur de la chimie industrielle en France.

Leblanc (François), né à Grenoble en 1643, mort à Versailles en 1698. Il a laissé un *Traité des monnaies de France*.

Lebrun (Charles), mort à Versailles en 1690. Premier peintre de Louis XIV. Ses chefs-d'œuvre sont au Louvre.

Liebnitz, né à Leipsick en 1646, mort en 1716. Un des premiers mathématiciens du dix-septième siècle. Il disputa à Newton la découverte du calcul différentiel.

Lemercier (J.), né à Pontoise en 1590, mort à Paris en 1660. Architecte de Louis XIV. Il a élevé la Sorbonne, la façade du Palais-Royal, l'église de l'Oratoire du Roule et l'église Saint-Roch.

Lenoir (Richard), né à Épinay en 1765, mort à Paris en 1838. Un des premiers fondateurs en France des filatures et des manufactures de coton.

Lenôtre, né à Paris en 1613, mort à Paris en 1700. Jardinier de Louis XIV. Il a dessiné les jardins des Tuileries, de Versailles, les deux Trianon, Saint-Cloud, Chantilly, Sceaux, Meudon et la belle terrasse de Saint-Germain.

Léonard de Vinci, né à Florence en 1452, mort à Fontainebleau en 1519. Il est le chef de l'école Florentine. On voit, au musée du Louvre, ses principaux chefs-d'œuvre.

Lerebours, né à Mortain en 1762, mort à Paris en 1840. Opticien, fabricant d'instruments d'optique, de physique et de mathématiques de la marine et du bureau des longitudes.

Lescot (Pierre), né à Paris en 1510, mort en 1578. Architecte sous Henri II. Il éleva la fontaine des Innocents. Les naïades sont de Jean Goujon. L'achèvement du Louvre vient de faire disparaître la rue qui portait son nom.

Lesueur, né à Paris en 1617, mort en 1655. Le plus grand peintre du règne de Louis XIV. On admire, au Louvre, la *Vie de saint Bruno* en vingt-deux grands tableaux.

Levau, né en 1612, mort à Paris en 1670. Architecte de Louis XIII. On éleva, sur ses dessins, les pavillons de Flore et de Marsan, qui forment les ailes du château des Tuileries.

Linnée, né à Rœshult en 1707, mort en 1778. Naturaliste suédois. Il est auteur de la classification des plantes.

Lussac (Gay-), mort à Paris. Professeur de chimie. La physique et la chimie lui doivent une foule de découvertes toutes plus ou moins ingénieuses.

Mansard, né à Paris en 1517, mort en 1604. Architecte de Louis XIV. Il dessina les galeries du Palais-Royal, la place des Victoires, et éleva le dôme des Invalides.

Metiers. Astronome hollandais. Inventeur des lunettes d'approche.

Metzeau, né à Douai. Architecte de Louis XIII. Il construisit la fameuse digue de la Rochelle en 1628.

Michel-Ange, né en 1474, mort à Rome en 1563. A la fois poëte, peintre, sculpteur et architecte. Il peignit la chapelle Sixtine sous Jules II.

MONGE, né à Beaune en 1746, mort à Paris en 1818. Chimiste. Un des fondateurs de l'École polytechnique.

MONTEREAU (P. de), mort en 1266. La Sainte-Chapelle et la chapelle de Vincennes ont été élevées sur ses dessins.

MONTGOLFIER, mort à Paris en 1810. Il a découvert les aérostats et inventé les béliers hydrauliques.

MONTYON, mort à Paris en 1820. Littérateur et publiciste distingué. Il a fondé un prix de vertu.

MORVEAU (Guyton de), né à Dijon en 1737, mort à Paris en 1816. Professeur de chimie. Il créa, avec Lavoisier, la première nomenclature chimique.

MOZART (Wolfgang), né à Saltzbourg en 1756, mort à Vienne en 1792. Musicien. Il est le chef de l'école allemande.

NANTEUIL, né à Reims en 1630, mort à Paris en 1678. Très-habile graveur de portraits.

NEUFCHATEAU (François de), né en 1750, mort à Paris en 1828. Il fut ministre de l'intérieur.

NEWCOMEN. En 1705, Newcomen et Cowley, l'un vitrier, l'autre quincailler à Darmouth, s'associèrent pour la construction en grand d'une machine à vapeur, d'après les indications de Papin, exilé à Londres.

NEWTON, né à Wolstrop en 1641, mort en 1727. Mathématicien anglais. Il a découvert la gravitation des corps. Ses deux grands ouvrages sont : les *Prin cipes* et l'*Optique*. Voltaire disait de Newton : « C'est le plus grand génie qui ait jamais existé. »

OBERKAMPF, né à Weissenbach en 1738, mort à Jouy en 1815. L'industrie des toiles peintes en France ne date guère que d'Oberkampf. Il a fondé, à Jouy, la première manufacture.

OUVRARD (René), né à Chinon en 1624, mort en 1694. Chanoine. Il a écrit l'*Histoire de la musique ancienne et moderne*.

OWERBEECH (Frédéric). Peintre et antiquaire hollandais, mort vers la fin du dix-huitième siècle.

PALISSY (Bernard de), né à la Chapelle-Biron en 1510, mort à la Bastille en 1590. Potier-émailleur. On peut voir, au musée du Louvre, la collection de ses poteries les plus remarquables.

PAPIN (Denis), né à Blois en 1657, mort en 1709. « Sa belle, sa grande solution du problème de la vapeur, dit M. Arago, consiste dans la substitution d'une atmosphère de vapeur d'air à l'atmosphère ordinaire. »

PARÉ (Ambroise), né à Laval en 1511, mort à Paris en 1590. Médecin des rois Henri II, François II, Charles IX. Sa ville natale lui a élevé, en 1840, une statue en bronze avec ces paroles : « Je le pansai, Dieu le guarit. »

PARMENTIER, né à Montdidier en 1737, mort à Paris en 1791. Il a importé la pomme de terre en France.

PASCAL (Blaise), né à Clermont en 1623, mort à

Port-Royal-des-Champs en 1666. Mathématicien, philosophe et littérateur de premier ordre. A l'âge de seize ans il publia son *Traité des sections coniques*. Il a inventé la brouette et le haquet.

Pereire (J.), né en Espagne en 1716, mort en 1780. Avant l'abbé de l'Épée, il eut la gloire de découvrir une méthode d'enseignement pour les sourds-muets; mais il eut le tort d'en faire un mystère.

Périer (Jacques-Constant), né en 1742, mort à Paris en 1818. Mécanicien. Il a construit la pompe à feu de Chaillot, qui sert à la distribution des eaux dans Paris.

Perrault (Claude), né à Paris en 1613, mort en 1688. Tout le monde connaît l'épigramme de Boileau :

> Oui, j'ai dit dans mes vers qu'un célèbre assassin,
> Laissant de Galien la science suspecte,
> De méchant médecin devint bon architecte;
> Mais de parler de vous je n'eus jamais dessein,
> Perrault, ma plume est trop correcte;
> Vous fûtes, je l'avoue, ignorant médecin,
> Mais jamais un bon architecte.

Et Perrault éleva l'Observatoire de Paris et la colonnade du Louvre.

Perronnet, né à Surêne en 1708, mort à Paris en 1794. Il a fondé à Paris l'école des Ponts-et-Chaussées. Les ponts de Neuilly et de la Concorde furent construits par lui.

PHIDIAS, né à Athènes. Le plus célèbre sculpteur de la Grèce. Le Jupiter Olympien était regardé comme une des sept merveilles du monde.

PILON (Germain), né au Maine en 1515, mort à Paris en 1590. Célèbre sculpteur de la Renaissance.

PINAIGRIER (Robert), né à Tours en 1487, mort à Paris en 1543. Peintre sur verre.

PINSON, né à Étampes en 1746, mort à Paris en 1828. Modeleur.

PIRONÈSE, ne à Venise en 1707, mort à Rome en 1778. Architecte, peintre et graveur.

PONCE (dit le Florentin). Il vint à Paris vers l'an 1500. Il fut le sculpteur de Louis XII.

PISE (Nicolas de), né à Florence en 1329, mort en 1389. Sculpteur, peintre et architecte.

PLINE l'Ancien, mort soixante-dix ans après J.-C. Son *Histoire naturelle* est un travail immense et forme l'encyclopédie complète des connaissances de l'antiquité romaine.

POUSSIN (Nicolas), né aux Andelys en 1594, mort à Rome en 1665. Chef de l'école française. On cite, parmi ses chefs-d'œuvre : la *Femme adultère; Moïse sauvé des eaux*; *Rebecca;* le *Ravissement de saint Paul* et les *Sept Sacrements*.

PRADIER, né à Genève en 1790, mort à Paris en 1852. Le premier des sculpteurs modernes. Ses principaux chefs-d'œuvre sont : *Vénus à la conque*, *Vénus à la coquille*, les *Trois Grâces*, le *Centaure* et la *Bacchante*, *Psyché*, *Phryné*, *Sapho*, les *Statues* de la fontaine Molière de la rue Richelieu, etc.

Priestley, né dans le comté d'York en 1733, mort en 1804. Chimiste et naturaliste célèbre. Il fut un des premiers savants qui s'occupèrent de l'électricité. Ses œuvres complètes ne forment pas moins de soixante-dix volumes.

Prony (baron de), né en 1755, mort en 1839. Mathématicien. Il s'occupa plus spécialement de la science hydraulique.

Puget (Pierre), né à Marseille en 1623, mort à Paris en 1694. Sculpteur, peintre et architecte du plus grand mérite. Les *groupes de Milon de Crotone* et *Percée délivrant Andromaque*, placés par Louis XIV à l'entrée du parc de Versailles, sont dus au ciseau de Pierre Puget.

Pythagore, né à Samos environ six cents ans avant J. C. Astronome, géomètre et mathématicien. Il a découvert le carré de l'hypothénuse et laissé son nom à la table de multiplication.

Réaumur, né à la Rochelle en 1683, mort en 1757. Physicien.

Ricardo, né à Londres en 1772, mort en 1823. Économiste célèbre.

Richelieu (Armand de), né à Paris en 1585, mort

en 1642. Louis XIII régna sous le gouvernement de Richelieu. Il est le fondateur de l'Académie française et fit construire le Palais-Royal.

Riquet, né à Béziers en 1604, mort à Toulouse en 1680. Il créa le canal du Languedoc et le canal du Midi.

Rubens, né à Anvers en 1577, mort en 1640. Il est le chef de l'école flamande.

Rumford, né en Amérique en 1753, mort à Auteuil en 1814. Physicien. Il a inventé un calorimètre et un thermoscope.

Sarrasin, né à Noyon en 1553, mort à Paris en 1660. Sculpteur. Son chef-d'œuvre est le mausolée de Henri de Bourbon, prince de Condé.

Saussure (de), né en 1749, mort en 1790. Agronome.

Savart (F.), né à Mézières en 1791, mort à Paris en 1841. Il a inventé différents instruments de physique.

Say (Jean-Baptiste), né à Lyon en 1767, mort à Paris en 1832. Économiste.

Scheele, né en Norwége en 1742, mort en 1786. Un des créateurs de la chimie moderne.

Senefelder, né à Pragues en 1771, mort à Munich en 1834. Il est l'inventeur de la lithographie en 1819.

Serlio, né à Boulogne en 1518, mort en 1552. Architecte.

Sicard, né à Toulouse en 1742, mort à Bordeaux en 1822. Il a perfectionné l'enseignement des sourds-muets.

Smith (Adam), né à Édimbourg en 1723, mort en 1790. Économiste. Il publia, en 1759, un ouvrage intitulé : *Recherches sur la nature et les causes de la richesse des nations.*

Soufflot, né à Auxerre en 1754, mort à Paris en 1780. Architecte du Panthéon.

Stahl, né à Anspach en 1660, mort à Hall, Prusse, en 1734. Médecin.

Stephenson, né en Angleterre en 1781, mort en 1848. Ingénieur des chemins de fer.

Stradivarius, né en 1670, mort en 1728. Luthier.

Suger, né à Tours en 1082, mort à Paris en 1152. Abbé de Saint-Denis. Gouverna la France pendant la croisade de Louis VII.

Sully, né à Rosny en 1560, mort à Paris en 1641. Un des plus grands administrateurs que nous ayons eus. « Pâturage et labourage sont les deux mamelles de l'État » était son axiome favori. Il a laissé de curieux Mémoires.

Ternaux, né à Sedan en 1763, mort à Saint-Ouen en 1833. Il eut la pensée d'acclimater en France les chèvres du Tibet. Il donna à la fabrication des châles français des développements considérables.

Thorini, né à Genève en 1489, mort en 1516. Il

est l'inventeur de la méthode de l'enseignement mutuel.

Thouin (A.), né en 1747, mort à Paris en 1828. On lui doit l'acclimatation de plusieurs plantes exotiques.

Tintoret (le), né à Venise en 1512, mort en 1591. Le Musée du Louvre possède plusieurs toiles du Tintoret, entre autres *Sainte Thérèse ressuscitant le fils d'un préfet de Rome, Saint Marc délivrant un esclave, Suzanne au bain,* l'*Apothéose de saint Roch.*

Torricelli, né en 1668, mort à Florence en 1647. Physicien.

Tournefort, né à Aix en 1656, mort à Paris en 1708. Botaniste. Son principal ouvrage est son *Histoire des plantes des environs de Paris* et ses *Institutions botaniques.*

Turgot, né en 1727, mort en 1781. Contrôleur général des finances. Il fit construire les égouts de Paris et la fontaine de Grenelle. Louis XVI disait : « Il n'y a en France que Turgot et moi qui veuillons le bonheur du peuple. »

Vaillant, né en 1669, mort en 1722. Botaniste, professeur au Jardin des Plantes.

Van Dyck, né à Anvers en 1599, mort en 1641. Un des chefs de l'école allemande. Tout le monde connaît son beau portrait de Charles Ier. Il est enterré dans l'église de Saint-Paul à Londres.

Vauban, né en 1633, mort en 1707. Il changea complétement l'art des fortifications en substituant aux hautes murailles et aux tours massives les fossés à zigzags, à angles saillants et rentrants.

Vasari, né à Arezzo en 1512, mort à Florence en 1574. Peintre italien, élève de Michel-Ange.

Vaucanson, né à Grenoble en 1709, mort en 1782. Mécanicien célèbre par ses automates. On voit au Conservatoire des Arts et Métiers plusieurs de ses ouvrages.

Vauquelin, né dans le Calvados en 1763, mort à Paris en 1830. Chimiste, pharmacien, puis inspecteur des mines et professeur à l'École de médecine. Il a découvert le chrome.

Viète, né en 1540, mort en 1603. Inventeur de l'algèbre.

Vitruve. Architecte romain. Vivait du temps d'Auguste.

Volta, né à Come en 1745, mort à Paris en 1826. Physicien. Il a inventé la pile électrique à laquelle il a donné son nom.

Watt (James), né à Glascow en 1736, mort en 1819. Watt inventa successivement le condenseur, la pompe à air, la détente, la machine à double effet, le parallélogramme articulé.

PROTECTION DES DESSINS ET INVENTIONS.

Instructions relatives à l'obtention des certificats de propriété.

« La commission impériale a voulu, autant que possible, que toutes les créations du génie humain trouvassent place à l'Exposition universelle, et qu'elles pussent s'y produire sans danger pour les intérêts de leurs auteurs ou de leurs possesseurs; c'est dans ce but qu'ont été rédigés les articles 53 et suivants du règlement général, instituant, en faveur des inventeurs, des certificats destinés à servir de brevets provisoires et gratuits.

« Mais, bien qu'approuvées par un décret, on a craint que de simples dispositions réglementaires, destinées à étendre une mesure législative, fussent insuffisantes aux yeux des tribunaux pour assurer tous les droits qu'il s'agissait de protéger. La loi du 8 juillet 1844 porte en effet (article 15) : « La durée des brevets ne « pourra être prolongée que par une loi. »

« On a donc dû ajourner la prise en considération des demandes de certificats adressées à la commission impériale jusqu'à ce que le pouvoir législatif eût sanctionné les promesses du règlement. C'est ce qu'il vient de faire par la loi du 2 mai 1855.

« Cette loi, qui répond aux désirs exprimés par un grand nombre de comités et d'exposants, étend encore la faveur du règlement, en faisant remonter l'efficacité du certificat *au jour de l'admission par le comité local.*

« Ainsi les effets du certificat seront en tout, sauf la durée, assimilés à ceux du brevet d'invention, dont ce certificat aura la validité.

Pièces à produire.

« 1° Une demande rédigée en français et dans la forme prescrite par l'article 5 de la loi du 8 juillet 1844, pour les demandes de brevets;

« 2° Une description, également en français, de l'objet ou des objets à protéger;

« 3° Un plan ou dessin desdits objets, s'il est nécessaire, pour l'intelligence de la description;

« 4° La lettre d'admission des objets par le comité local, ou un certificat du président du comité constatant la date de cette admission;

« 5° Un bordereau des pièces déposées, qui toutes devront porter la signature du demandeur.

« Quand le postulant sera autre que l'inventeur, il devra justifier d'une cession régulière à lui faite; s'il n'est que mandataire, il devra être muni d'une procuration telle qu'elle est exigée pour la prise des brevets. — Toutes ces pièces resteront annexées à la demande.

« Les dessins ou calques seront tracés à l'encre et d'après une échelle métrique. — Pour les dessins de fabrique et pour certains produits, tels que papiers peints, tissus imprimés, etc., il suffira d'un échantillon du produit fabriqué, pourvu qu'il soit de nature à se placer dans un portefeuille, et qu'il n'excède pas les dimensions de 1 mètre sur 60 centimètres. Pour les autres objets, le dessin devra être un *fac-simile* sur une échelle rentrant dans ces proportions.

« Les certificats dont il s'agit, ne pouvant s'appliquer qu'à des articles *effectivement exposés*, ne seront délivrés qu'après constatation préalablement faite de la présence de ces articles dans les bâtiments de l'Exposition.

« Les certificats seront délivrés au Palais de l'Industrie, par le commissaire de la statistique et du contentieux.

« *Le secrétaire général*,

« Arlès-Dufour.

« Paris, le 7 mai 1855. »

RÉCOMPENSES.

RAPPORT A L'EMPEREUR.

« Sire,

« La commission impériale de l'Exposition universelle, aux termes de l'article 76 du règlement général approuvé par décret du 6 avril 1854, est chargée de soumettre à Votre Majesté un décret déterminant la nature des récompenses à décerner à la suite de l'Exposition et les règles générales à prendre pour base de ces récompenses.

« Ce décret, que la commission impériale, par l'organe de son président, soumet à Votre Majesté, a été conçu dans l'esprit le plus large et le plus libéral.

« En ce qui concerne l'agriculture et l'industrie, deux systèmes se trouvaient en présence :

« 1° Le système suivi à Londres en 1851, qui, tout en semblant maintenir entre les exposants une égalité qui n'existe pas dans leurs mérites respectifs, les classait cependant en plusieurs catégories : la première, obtenant de grandes médailles du conseil ; la seconde, des médailles de prix ; la troisième, enfin, des mentions honorables.

« 2° Le système constamment en usage en France depuis l'origine des Expositions nationales, qui admet plusieurs ordres de récompenses, les décerne suivant le mérite constaté, les services rendus et les progrès accomplis, et appelle à les recevoir les contre-maîtres et les ouvriers aussi bien que les chefs de fabrique. Il donne à l'Exposition son véritable caractère, celui d'un concours universel.

« C'est ce second système que la commission impériale a adopté en le complétant.

« Pour les beaux-arts, nous avons suivi, en l'élargissant, le mode de récompenses depuis longtemps en vigueur. La commission impériale a introduit dans le projet de décret quatre ordres de récompenses, dont trois médailles d'or; elle a institué, en outre, de grandes médailles d'honneur dont le nombre sera fixé par le président de la commission impériale, sur la proposition des présidents des trois classes des beaux arts, après discussion en assemblée générale des jurés de ces classes.

« La commission impériale n'a pas déterminé le nombre des médailles ordinaires, ce qui eût été préjuger le mérite des œuvres exposées; mais elle s'est efforcée de pourvoir à tous les besoins, et de donner aux récompenses une valeur en rapport avec la solennité et l'universalité du concours en élevant à cent cinquante mille francs la somme à répartir sous forme de médailles entre les lauréats de l'Exposition des beaux-arts.

« Une disposition particulière et toute nouvelle nous permettra de signaler à Votre Majesté les exposants qui mériteront des marques spéciales de gratitude publique pour des services hors ligne rendus à la civilisation, à l'humanité, aux sciences et aux arts, et ceux qui, en raison de sacrifices considérables faits dans un but d'utilité générale, nous paraîtront avoir droit à des encouragements d'une autre nature.

« J'ai l'honneur de présenter le décret ci-joint à la signature de Votre Majesté.

« *Le président de la commission impériale,*

« NAPOLÉON BONAPARTE. »

DÉCRET.

Art. 1er. Les récompenses à décerner par les vingt-sept premières classes du jury international sont les suivantes :

1° La médaille d'or ;

2° La médaille d'argent ;

3° La médaille de bronze ;

4° La mention honorable.

Art. 2. La médaille d'or ne pourra être décernée pour les vingt-sept premières classes que par le conseil des présidents et vice-présidents, sur la proposition des jurys de classe, approuvée par le groupe auquel chaque classe appartient.

La médaille d'or ne pourra être proposée et décernée, dans les vingt-sept premières classes, que pour des collections très-complètes adressées par des États étrangers ou par des villes ou centres de grande production, et offrant une haute utilité au point de vue de l'instruction, ou pour des produits exposés par des industriels et qui se recommanderont par une perfection exceptionnelle due à l'art, au goût, à la science ou au travail, ou par des découvertes ou inventions très-importantes arrivées à l'état de grande exploitation industrielle, ou à l'accroissement très-considérable d'utilité d'un produit déjà connu et rendu accessible, par la réduction de son prix, à une consommation plus générale.

Art. 5. La médaille d'argent pourra être décernée par chacun des jurys des sept premiers groupes, sur la proposition des jurys des classes dont ils sont formés, pour la supériorité du goût, de la forme ou du travail, ou pour des collections intéressantes au point de vue de l'instruction, ou pour des progrès importants et constatés introduits dans la fabrication, soit par voie d'invention ou autrement, et ayant pour conséquence un usage meilleur, plus agréable, plus utile ou plus durable, ou une diminution du prix des objets de grande consommation.

Art. 4. La médaille de bronze pourra être décernée par chacun des jurys des sept premiers groupes, sur la proposition des jurys des classes dont ils sont formés, pour la bonté du travail, ou pour des qualités de forme ou de goût, ou pour des améliorations réelles obtenues, soit dans les moyens de production, soit dans l'utilité plus grande des produits, soit dans l'abaissement de leur prix.

Art. 5. La mention honorable pourra être décernée par chacun des jurys des sept premiers groupes, sur la proposition des jurys des classes dont ils sont formés, aux exposants des produits qui se seront distingués par l'un des mérites énoncés plus haut, lorsque la nouveauté de l'invention ou le peu d'importance de la production ne donnera pas lieu au vote de la médaille de bronze.

Art. 6. Les groupes ne pourront décerner une récompense qui ne serait pas proposée par le jury de la classe à laquelle l'exposant appartient.

Art. 7. Le jury devra prendre en considération, pour les récompenses à distribuer, la circonstance de l'abaissement du prix des produits exposés toutes les fois que cette réduction des prix sera sincère et paraîtra devoir être permanente.

Art. 8. Les contre-maîtres et les ouvriers qui ont été signalés pour services rendus à l'industrie qu'ils exercent, ou par leur participation à la production des objets exposés et jugés dignes d'une récompense, pourront recevoir des jurys des sept premiers groupes, sur la proposition des jurys des vingt-sept premières classes, l'une des distinctions énoncées en l'article 1er.

Art. 9. L'application des règles qui précèdent est laissée à l'appréciation du jury international et à l'interprétation du conseil des présidents et vice-présidents.

En cas de doute, il pourra être appelé, mais par les membres du jury seulement, de la décision des groupes au conseil des présidents et vice-présidents, qui prononcera en dernier ressort.

Art. 10. Indépendamment des récompenses à décerner par le jury, nous nous réservons, sur la recommandation du conseil des présidents et vice-présidents des vingt-sept premières classes, d'accorder des marques spéciales de gratitude publique aux exposants qui nous seront signalés pour des services hors ligne rendus à la civilisation, à l'humanité, aux sciences ou aux arts, ou des encouragements d'une autre nature, à raison des sacrifices considérables dans un but d'utilité générale, et eu égard à la position des personnes ainsi recommandées.

RENSEIGNEMENTS.

La statue équestre de Napoléon III, qu'on a inaugurée le 15 mai devant la porte du Palais de l'Industrie faisant face au pavillon de Flore des Tuileries, est en bronze et de grandeur naturelle.

L'Empereur porte le costume de lieutenant général, sa main gauche tient les rênes, il salue de la droite. La figure est d'une grande ressemblance. La statue est de Jean Debay, fondue par Gaillaud.

Les employés de la poste viennent de prendre possession du joli chalet qu'on leur a construit au rond-point méridional de l'allée d'Antin.

Outre les bureaux de poste, il y en a un autre pour la télégraphie électrique. Si bien que, de ce bureau, MM. les exposants pourront correspondre instantanément avec tous les pays d'Europe qui sont en communication électrique avec Paris.

Les eaux du jardin des Tuileries, de la place de la Concorde et des Champs-Élysées ne cesseront pas de jouer pendant toute la durée de l'Exposition.

Les grandes eaux jouent tous les quinze jours à Versailles à partir du 27 mai. Le Musée est ouvert tous les jours, le lundi excepté.

Les galeries du Musée des Beaux-Arts, y compris l'hémicycle, peint par M. Paul Delaroche, et la copie du *Jugement dernier* de Michel-Ange, par Sigalon, sont ouvertes au public les dimanche, lundi et jeudi, de dix heures du matin à quatre heures du soir.

Le tarif des droits d'entrée a été fixé ainsi qu'il suit pour chaque exposition de l'industrie et des beaux-arts :

Le dimanche, 20 centimes.

Les lundi, mardi, mercredi, jeudi, samedi, 1 franc.

Le vendredi, 5 francs.

Pendant tout le mois de mai, le prix d'entrée a été de 5 francs.

Des billets de saison, dont le prix est fixé à 50 fr. pour chaque exposition de l'industrie et des beaux-arts, donnent droit à l'entrée permanente, et à une entrée le jour de l'inauguration.

PARIS. — TYP. SIMON RAÇON ET Cie, RUE D'ERFURTH, 1.

www.ingramcontent.com/pod-product-compliance
Lightning Source LLC
LaVergne TN
LVHW010832120826
845149LV00016B/984

* 9 7 8 2 3 2 9 0 7 0 8 1 0 *